Whispers of Mystery: Bilingual Portuguese-English Short Stories from Luminápolis

Teakle

Published by Teakle, 2023.

While every precaution has been taken in the preparation of this book, the publisher assumes no responsibility for errors or omissions, or for damages resulting from the use of the information contained herein.

WHISPERS OF MYSTERY: BILINGUAL PORTUGUESE-ENGLISH SHORT STORIES FROM LUMINÁPOLIS

First edition. July 11, 2023.

ISBN: 979-8223651932

Written by Teakle.

Table of Contents

O Mistério da Sala Trancada | The Mystery of the Locked Room 1

O Artefato Roubado | The Stolen Artifact................................. 5

O Desaparecimento Misterioso | The Mysterious Disappearance 9

O Roubo Enigmático | The Enigmatic Heist............................ 13

A Testemunha Desaparecida | The Vanishing Witness.............. 17

A Falsificação Astuta | The Artful Forgery 21

O Código Criptográfico | The Cryptic Code............................ 25

O Hacker Fantasma | The Phantom Hacker 29

O Broche Desaparecido | The Missing Heirloom...................... 33

A Escultura Desaparecida | The Vanished Sculpture................. 37

A Mansão Misteriosa | The Mysterious Mansion...................... 41

A Sinfonia Roubada | The Stolen Symphony............................ 45

O Retrato Enigmático | The Enigmatic Portrait 49

As Joias Desaparecidas | The Vanishing Jewels 53

A Herdeira Desaparecida | The Missing Heiress 57

A Mansão Abandonada | The Abandoned Mansion.................. 61

O Mistério da Sala Trancada
The Mystery of the Locked Room

Era uma noite sombria na cidade de Luminápolis. O detetive Miguel estava sentado em sua mesa, examinando os detalhes de um novo caso. O relógio marcava meia-noite quando o telefone tocou. Era o Comissário de Polícia, informando sobre um assassinato ocorrido em uma mansão abandonada. Sem perder tempo, Miguel pegou seu casaco e dirigiu-se ao local do crime.

It was a dark night in the city of Luminápolis. Detective Miguel was sitting at his desk, examining the details of a new case. The clock struck midnight when the phone rang. It was the Police Commissioner, informing him of a murder that had taken place in an abandoned mansion. Without wasting any time, Miguel grabbed his coat and headed to the crime scene.

Ao chegar à mansão, Miguel foi recebido pelos policiais que estavam guardando a cena do crime. O corpo de um homem estava caído no chão da sala principal. O mais intrigante era que todas as portas e janelas estavam trancadas por dentro, tornando impossível a entrada ou saída do assassino.

Upon arriving at the mansion, Miguel was greeted by the police officers who were guarding the crime scene. The body of a man lay on the floor of the main hall. What was most intriguing was that all the doors and windows were locked from the inside, making it impossible for the killer to enter or exit.

Miguel começou a examinar o local em busca de pistas. Observou cuidadosamente o corpo da vítima, que apresentava um ferimento no peito causado por uma faca. Não havia sinais de luta ou resistência. Em seguida, ele vasculhou a sala em busca de qualquer evidência que pudesse explicar o assassinato.

Miguel began examining the area for clues. He carefully observed the victim's body, which had a stab wound on the chest. There were no signs of a struggle or resistance. He then searched the room for any evidence that could explain the murder.

Após uma busca minuciosa, Miguel encontrou um pedaço de tecido rasgado preso em uma lasca de madeira. Ele percebeu que o tecido correspondia à camisa da vítima. Intrigado, ele continuou a investigação. Descobriu que o homem era um empresário rico e tinha muitos inimigos.

After a thorough search, Miguel found a torn piece of fabric caught on a piece of wood. He noticed that the fabric matched the victim's shirt. Intrigued, he continued his investigation. He discovered that the man was a wealthy businessman and had many enemies.

Enquanto interrogava os suspeitos, Miguel percebeu que um deles estava extremamente nervoso. Era o filho do empresário, que possuía um álibi pouco convincente para a noite do assassinato. Desconfiado, o detetive confrontou-o e, finalmente, o rapaz confessou o crime.

While interrogating the suspects, Miguel noticed that one of them was extremely nervous. It was the businessman's son, who had a weak alibi for the night of the murder. Suspicious, the detective confronted him, and finally, the young man confessed to the crime.

O filho explicou que estava consumido pelo ódio pelo pai, que o havia deserdado. Planejou o assassinato para parecer um crime impossível, trancando todas as portas e janelas antes de cometer o ato. No entanto, sua ansiedade o denunciou e ele acabou deixando o tecido rasgado para trás.

The son explained that he was consumed by hatred for his father, who had disinherited him. He planned the murder to appear as an impossible crime, locking all the doors and windows before committing the act. However, his anxiety gave him away, and he ended up leaving the torn fabric behind.

Com o mistério resolvido, Miguel entregou o assassino às autoridades e voltou para casa. Satisfeito com o trabalho bem feito, ele sabia que a justiça havia sido feita naquela noite sombria em Luminápolis.

With the mystery solved, Miguel handed the killer over to the authorities and returned home. Satisfied with a job well done, he knew that justice had been served on that dark night in Luminápolis.

O Artefato Roubado
The Stolen Artifact

Era uma manhã ensolarada em Luminápolis quando o detetive Miguel recebeu uma ligação urgente do Museu da Cidade. Um valioso artefato havia sido roubado durante a noite, e eles precisavam da ajuda de Miguel para resolvê-lo. Sem hesitar, ele partiu imediatamente para o museu.

It was a sunny morning in Luminápolis when Detective Miguel received an urgent call from the City Museum. A valuable artifact had been stolen during the night, and they needed Miguel's help to solve the case. Without hesitation, he immediately set off for the museum.

No museu, Miguel foi recebido pelo diretor, que estava extremamente preocupado com a perda do artefato. O objeto roubado era uma antiga estátua de ouro, conhecida por sua imensa importância histórica e valor inestimável. Miguel começou a examinar o local em busca de pistas, questionando os funcionários e analisando as câmeras de segurança.

At the museum, Miguel was greeted by the director, who was extremely concerned about the loss of the artifact. The stolen object was an ancient golden statue, known for its immense historical importance and priceless value. Miguel began examining the area for clues, questioning the staff and analyzing the security cameras.

Após horas de investigação, Miguel encontrou uma pista crucial nas imagens das câmeras de segurança. Um indivíduo misterioso, usando uma máscara e roupas escuras, foi capturado pelas câmeras na noite do roubo. O detetive decidiu seguir essa pista e investigar a fundo a identidade do suspeito.

After hours of investigation, Miguel found a crucial clue in the security camera footage. A mysterious individual, wearing a mask and dark clothing, was captured by the cameras on the night of the theft. The detective decided to follow this lead and thoroughly investigate the suspect's identity.

Durante suas investigações, Miguel descobriu que um conhecido criminoso internacional, conhecido como "O Fantasma", estava na cidade. Esse criminoso era especializado em roubos de arte e antiguidades valiosas. Miguel sabia que era uma pista promissora e começou a rastrear os movimentos de "O Fantasma" na cidade.

During his investigations, Miguel discovered that a notorious international criminal, known as "The Ghost," was in town. This criminal specialized in stealing valuable art and antiques. Miguel knew it was a promising lead and began tracking "The Ghost's" movements in the city.

Após dias de busca intensa, Miguel conseguiu localizar o esconderijo de "O Fantasma". Com o apoio da polícia, ele invadiu o local e encontrou o criminoso junto com a estátua roubada. Uma luta frenética se seguiu, mas Miguel conseguiu prender "O Fantasma" e recuperar o artefato.

After days of intense search, Miguel managed to locate "The Ghost's" hideout. With the support of the police, he raided the place and found the criminal along with the stolen statue. A frantic struggle ensued, but Miguel managed to apprehend "The Ghost" and recover the artifact.

Com o valioso artefato de volta ao museu, Miguel foi parabenizado pelo diretor e pelos colegas por sua dedicação e habilidades de detetive. O caso do roubo da estátua foi resolvido, trazendo um final feliz para a cidade de Luminápolis e sua comunidade cultural.

With the valuable artifact back in the museum, Miguel was praised by the director and his colleagues for his dedication and detective skills. The case of the stolen statue was solved, bringing a happy ending to the city of Luminápolis and its cultural community.

O Desaparecimento Misterioso
The Mysterious Disappearance

Era uma noite chuvosa em Luminápolis quando o detetive Miguel recebeu uma ligação alarmante. Um empresário influente havia desaparecido sem deixar rastros. Intrigado e determinado a descobrir a verdade, Miguel partiu imediatamente para investigar o caso.

It was a rainy night in Luminápolis when Detective Miguel received a distressing phone call. An influential businessman had vanished without a trace. Intrigued and determined to uncover the truth, Miguel set off immediately to investigate the case.

Ao chegar ao escritório do empresário, Miguel começou a interrogar seus colegas de trabalho e amigos próximos. Ninguém parecia ter pistas sobre o paradeiro do homem desaparecido. Enquanto explorava a sala do empresário, Miguel notou uma carta misteriosa em cima da mesa.

Upon arriving at the businessman's office, Miguel began questioning his colleagues and close friends. No one seemed to have any clues about the whereabouts of the missing man. While exploring the businessman's office, Miguel noticed a mysterious letter on top of the desk.

A carta continha pistas enigmáticas que levaram Miguel a um antigo teatro abandonado na periferia da cidade. Com cautela, ele entrou no teatro e explorou seus corredores escuros. No centro do palco, ele descobriu uma sala secreta que estava trancada.

The letter contained enigmatic clues that led Miguel to an old abandoned theater on the outskirts of the city. With caution, he entered the theater and explored its dark corridors. In the center of the stage, he discovered a secret room that was locked.

Determinado a desvendar o mistério, Miguel encontrou uma chave escondida embaixo de um tapete próximo. Ele destrancou a sala e, para sua surpresa, encontrou o empresário desaparecido dentro dela. O homem estava desorientado e não se lembrava de como havia chegado lá.

Determined to unravel the mystery, Miguel found a key hidden under a nearby rug. He unlocked the room and, to his surprise, found the missing businessman inside. The man was disoriented and did not remember how he had ended up there.

Após acalmar o empresário e levá-lo em segurança de volta à cidade, Miguel começou a investigar o que havia acontecido. Descobriu que o homem havia sido vítima de um sequestro planejado por um grupo de criminosos que visavam obter informações valiosas de seus negócios.

After calming the businessman down and safely bringing him back to the city, Miguel began investigating what had happened. He discovered that the man had been a victim of a kidnapping orchestrated by a group of criminals aiming to obtain valuable information about his business.

Com a ajuda da polícia, Miguel identificou e prendeu os sequestradores, levando justiça ao empresário e à cidade de Luminápolis. O detetive recebeu reconhecimento e gratidão por sua habilidade em resolver casos complexos. Sua dedicação e intuição inabaláveis mais uma vez prevaleceram.

With the help of the police, Miguel identified and arrested the kidnappers, bringing justice to the businessman and the city of Luminápolis. The detective received recognition and gratitude for his ability to solve complex cases. His unwavering dedication and intuition prevailed once again.

O Roubo Enigmático
The Enigmatic Heist

Era uma tarde tranquila em Luminápolis quando o detetive Miguel recebeu uma ligação urgente do Banco Central da cidade. Um valioso tesouro havia sido roubado da sala de segurança, deixando todos perplexos. Determinado a resolver o caso, Miguel partiu imediatamente para o banco.

It was a calm afternoon in Luminápolis when Detective Miguel received an urgent call from the Central Bank of the city. A valuable treasure had been stolen from the vault, leaving everyone baffled. Determined to solve the case, Miguel set off immediately for the bank.

Ao chegar ao banco, Miguel foi recebido pelo diretor de segurança, que estava visivelmente preocupado com o ocorrido. A sala de segurança estava intacta, sem sinais de arrombamento. Parecia um roubo impossível. Miguel começou a examinar as câmeras de segurança em busca de pistas.

Upon arriving at the bank, Miguel was greeted by the security director, who was visibly concerned about the incident. The vault room was intact, with no signs of forced entry. It seemed like an impossible heist. Miguel began examining the security cameras for clues.

Horas se passaram, e Miguel encontrou uma pista intrigante nas filmagens. Uma pessoa desconhecida, usando uma máscara e um terno elegante, foi vista saindo da sala de segurança sem ser notada pelos sistemas de alarme. Era um ladrão habilidoso que deixou poucos rastros.

Hours passed, and Miguel found an intriguing clue in the footage. An unknown person, wearing a mask and a stylish suit, was seen exiting the vault room without being detected by the alarm systems. It was a skilled thief who left few traces behind.

Decidido a desvendar o mistério, Miguel mergulhou na investigação. Ele descobriu que o tesouro roubado era uma joia rara e antiga, com um valor incalculável. Conforme explorava a vida do suspeito, ele encontrou conexões com um círculo clandestino de colecionadores de arte.

Determined to unravel the mystery, Miguel delved into the investigation. He discovered that the stolen treasure was a rare and ancient jewel, with an incalculable value. As he explored the suspect's life, he found connections to an underground circle of art collectors.

Após seguir diversas pistas e interrogar pessoas envolvidas no mundo da arte, Miguel finalmente encontrou o esconderijo secreto dos colecionadores. Era um local isolado nos arredores de Luminápolis, onde as peças de arte roubadas eram mantidas em segurança.

After following various leads and interrogating individuals involved in the art world, Miguel finally discovered the secret hideout of the collectors. It was an isolated location on the outskirts of Luminápolis, where the stolen art pieces were kept safe.

Com a ajuda da polícia, Miguel invadiu o esconderijo e prendeu os colecionadores criminosos. O tesouro roubado foi recuperado e devolvido ao banco. O detetive recebeu aplausos pela resolução do caso e pela sua determinação em enfrentar os desafios e proteger o patrimônio da cidade.

With the help of the police, Miguel raided the hideout and apprehended the criminal collectors. The stolen treasure was recovered and returned to the bank. The detective received applause for solving the case and for his determination to face challenges and protect the city's heritage.

A Testemunha Desaparecida
The Vanishing Witness

Era uma manhã agitada em Luminápolis quando o detetive Miguel recebeu uma ligação urgente do tribunal. Uma testemunha chave em um caso de assassinato havia desaparecido misteriosamente antes de prestar seu depoimento. Intrigado e determinado a encontrar a testemunha, Miguel partiu imediatamente para o tribunal.

It was a bustling morning in Luminápolis when Detective Miguel received an urgent call from the courthouse. A key witness in a murder case had disappeared mysteriously before providing their testimony. Intrigued and determined to find the witness, Miguel set off immediately for the courthouse.

No tribunal, Miguel foi recebido pelo promotor responsável pelo caso. Ele explicou a importância da testemunha e a urgência de encontrá-la para garantir a justiça. Miguel começou a investigar o desaparecimento, entrevistando familiares, amigos e colegas da testemunha.

At the courthouse, Miguel was greeted by the prosecutor in charge of the case. He explained the significance of the witness and the urgency to find them to ensure justice. Miguel began investigating the disappearance, interviewing the witness's family, friends, and colleagues.

Durante sua investigação, Miguel descobriu que a testemunha havia recebido ameaças antes do desaparecimento. Ele acreditava que o crime estava relacionado ao caso de assassinato e que alguém estava tentando silenciá-la. Determinado a desvendar o mistério, ele seguiu essa pista.

During his investigation, Miguel discovered that the witness had received threats before their disappearance. He believed that the crime was related to the murder case and that someone was trying to silence them. Determined to unravel the mystery, he followed this lead.

Após uma análise minuciosa dos registros de chamadas e das câmeras de segurança nas proximidades, Miguel encontrou evidências que levaram a um indivíduo suspeito. Era um criminoso conhecido na cidade, envolvido em atividades ilícitas.

After a thorough analysis of phone records and nearby security cameras, Miguel found evidence that led to a suspicious individual. It was a known criminal in the city, involved in illicit activities.

Com a ajuda da polícia, Miguel localizou o esconderijo do suspeito. Ao entrar no local, encontrou a testemunha desaparecida, aterrorizada e amarrada. Ele a libertou e a levou em segurança para a delegacia, onde seu depoimento seria tomado sob proteção.

With the help of the police, Miguel located the hideout of the suspect. Upon entering the place, he found the missing witness, terrified and tied up. He freed them and safely escorted them to the police station, where their testimony would be taken under protection.

O depoimento da testemunha foi crucial para a condenação do assassino. O caso foi resolvido com sucesso, e a justiça prevaleceu. Miguel recebeu elogios por sua dedicação incansável em encontrar a testemunha e por sua habilidade em solucionar casos complexos.

The witness's testimony was crucial for the conviction of the murderer. The case was successfully solved, and justice prevailed. Miguel received praise for his unwavering dedication in finding the witness and for his ability to solve complex cases.

A Falsificação Astuta
The Artful Forgery

Era uma tarde ensolarada em Luminápolis quando o detetive Miguel recebeu uma chamada urgente do renomado Museu de Arte da cidade. Uma suspeita de falsificação de uma pintura valiosa havia surgido, e eles precisavam da ajuda de Miguel para investigar o caso. Determinado a desvendar o mistério, Miguel prontamente dirigiu-se ao museu.

It was a sunny afternoon in Luminápolis when Detective Miguel received an urgent call from the renowned City Art Museum. A suspicion of forgery involving a valuable painting had arisen, and they needed Miguel's help to investigate the case. Determined to unravel the mystery, Miguel promptly headed to the museum.

No museu, Miguel encontrou-se com a curadora de arte, que estava preocupada com a autenticidade de uma pintura do famoso artista local, Rodrigo Vasconcelos. A obra em questão era altamente valorizada e uma peça central da exposição atual. Miguel começou a examinar a pintura minuciosamente.

At the museum, Miguel met with the art curator, who was concerned about the authenticity of a painting by the renowned local artist, Rodrigo Vasconcelos. The artwork in question was highly prized and a centerpiece of the current exhibition. Miguel began examining the painting meticulously.

Após uma análise detalhada, Miguel encontrou inconsistências sutis na técnica e na assinatura da pintura. Suspeitando de uma possível falsificação, ele iniciou uma investigação para determinar a origem da obra. Entrou em contato com especialistas em arte forense e pesquisou o histórico do artista.

After a thorough analysis, Miguel found subtle inconsistencies in the technique and signature of the painting. Suspecting a possible forgery, he initiated an investigation to determine the origin of the artwork. He reached out to forensic art experts and researched the artist's background.

Durante sua investigação, Miguel descobriu que uma galeria de arte local havia vendido a pintura para o museu. Ele interrogou o proprietário da galeria e, depois de pressioná-lo, o homem confessou que a obra era, de fato, uma falsificação muito convincente.

During his investigation, Miguel discovered that a local art gallery had sold the painting to the museum. He interrogated the gallery owner, and after applying pressure, the man confessed that the artwork was indeed a highly convincing forgery.

Determinado a descobrir a verdadeira origem da falsificação, Miguel continuou sua busca. Ele rastreou a rede de fornecedores da galeria e, eventualmente, encontrou um famoso falsificador de arte, conhecido como "O Camaleão". Este habilidoso criminoso era especializado em criar réplicas perfeitas de obras de arte valiosas.

Determined to uncover the true origin of the forgery, Miguel continued his pursuit. He traced the gallery's supplier network and eventually uncovered a notorious art forger known as "The Chameleon." This skilled criminal specialized in creating flawless replicas of valuable artworks.

Com a ajuda da polícia, Miguel conseguiu rastrear o esconderijo do falsificador. Ao invadir o local, encontrou diversas pinturas falsificadas, incluindo a obra de Rodrigo Vasconcelos. O Camaleão foi preso e todas as falsificações foram apreendidas.

With the help of the police, Miguel managed to track down the forger's hideout. Upon raiding the place, he found various forged paintings, including the artwork by Rodrigo Vasconcelos The Chameleon was arrested, and all the forgeries were seized.

O trabalho diligente de Miguel garantiu que a verdade prevalecesse e que o público pudesse desfrutar da verdadeira arte de Rodrigo Vasconcelos. O caso foi amplamente divulgado e o detetive recebeu elogios por sua habilidade em desmascarar o falsificador de arte e proteger a integridade do patrimônio cultural da cidade.

Miguel's diligent work ensured that the truth prevailed and that the public could enjoy the true art of Rodrigo Vasconcelos. The case garnered widespread attention, and the detective received praise for his ability to unmask the art forger and protect the integrity of the city's cultural heritage.

O Código Criptográfico
The Cryptic Code

Era uma noite estrelada em Luminápolis quando o detetive Miguel recebeu uma mensagem enigmática. Um informante anônimo o desafiava a decifrar um código misterioso que continha pistas sobre um roubo iminente. Intrigado e determinado a resolver o caso, Miguel aceitou o desafio e começou a decifrar o código.

It was a starry night in Luminápolis when Detective Miguel received an enigmatic message. An anonymous informant challenged him to decipher a mysterious code that contained clues about an imminent robbery. Intrigued and determined to solve the case, Miguel accepted the challenge and began deciphering the code.

O código era complexo, cheio de símbolos e letras em uma sequência aparentemente aleatória. Miguel passou horas examinando o código, tentando encontrar um padrão oculto. Finalmente, após várias tentativas, ele percebeu que as letras correspondiam às notas musicais e os símbolos eram acordes.

The code was complex, filled with symbols and letters in an apparently random sequence. Miguel spent hours examining the code, trying to find a hidden pattern. Finally, after several attempts, he realized that the letters corresponded to musical notes, and the symbols represented chords.

Com o conhecimento de música em seu favor, Miguel decodificou a mensagem. Ela revelava que o roubo ocorreria em um museu de arte da cidade naquela mesma noite. Sem perder tempo, ele se dirigiu imediatamente ao local para impedir o crime.

With his musical knowledge on his side, Miguel decoded the message. It revealed that the robbery would take place at an art museum in the city that very night. Without wasting any time, he immediately headed to the location to prevent the crime.

Ao chegar ao museu, Miguel encontrou a porta da frente entreaberta. Com cautela, adentrou o edifício escuro e silencioso. Seguindo as pistas do código decifrado, chegou à sala onde uma valiosa pintura estava em exibição. A pintura era uma obra-prima, conhecida por seu valor inestimável.

Upon arriving at the museum, Miguel found the front door slightly ajar. With caution, he entered the dark and silent building. Following the clues from the decoded code, he arrived at the room where a valuable painting was on display. The painting was a masterpiece, known for its priceless value.

Para sua surpresa, Miguel encontrou um ladrão habilidoso no ato de remover a pintura da parede. Sem fazer barulho, ele se aproximou e prendeu o ladrão. Em uma reviravolta inesperada, o ladrão confessou que fora contratado para roubar a pintura por um colecionador desonesto.

To his surprise, Miguel found a skilled thief in the act of removing the painting from the wall. Silently, he approached and apprehended the thief. In an unexpected twist, the thief confessed that he had been hired to steal the painting by a dishonest collector.

Com o ladrão capturado, Miguel recuperou a valiosa pintura e garantiu que ela fosse devolvida ao museu. A captura do ladrão e a recuperação da obra de arte foram um sucesso graças à habilidade de decodificação de Miguel e sua rápida ação. A cidade de Luminápolis estava segura mais uma vez.

With the thief captured, Miguel recovered the valuable painting and ensured that it was returned to the museum. The apprehension of the thief and the recovery of the artwork were a success thanks to Miguel's decoding skills and swift action. The city of Luminápolis was safe once again.

O Hacker Fantasma
The Phantom Hacker

Era uma tarde movimentada em Luminápolis quando o detetive Miguel recebeu um chamado urgente do Departamento de Tecnologia da Informação da cidade. O sistema de segurança de uma importante empresa havia sido hackeado, e eles precisavam da ajuda de Miguel para resolver o caso. Determinado a enfrentar o desafio, Miguel dirigiu-se imediatamente ao local.

It was a busy afternoon in Luminápolis when Detective Miguel received an urgent call from the city's Information Technology Department. The security system of a major company had been hacked, and they needed Miguel's help to solve the case. Determined to take on the challenge, Miguel immediately headed to the location.

No local, Miguel encontrou-se com os especialistas em segurança da empresa. Eles explicaram que um hacker misterioso, conhecido como "O Fantasma", havia invadido seus servidores e roubado informações confidenciais. Nenhum vestígio do invasor havia sido encontrado, deixando todos perplexos.

At the location, Miguel met with the company's security experts. They explained that a mysterious hacker known as "The Phantom" had breached their servers and stolen confidential information. No trace of the intruder had been found, leaving everyone baffled.

Miguel começou a investigar o sistema comprometido em busca de pistas. Ele analisou o código do hacker, estudou os registros de acesso e entrevistou funcionários. Com cada nova informação, ele montava o quebra-cabeça para tentar identificar o culpado.

Miguel began investigating the compromised system for clues. He analyzed the hacker's code, studied access logs, and interviewed employees. With each new piece of information, he pieced together the puzzle to try and identify the culprit.

Após horas de investigação, Miguel encontrou uma pista intrigante. Descobriu que o hacker havia deixado um padrão específico em seus ataques, sempre utilizando um endereço IP diferente, mas seguindo uma sequência numérica. Era um rastro sutil, mas Miguel estava determinado a segui-lo.

After hours of investigation, Miguel found an intriguing clue. He discovered that the hacker had left a specific pattern in their attacks, always using a different IP address but following a numeric sequence. It was a subtle trail, but Miguel was determined to follow it.

Miguel rastreou o endereço IP do último ataque e chegou a um prédio abandonado nos arredores da cidade. Com a polícia ao seu lado, ele adentrou o local em busca do Phantom Hacker. O prédio estava escuro e silencioso, criando uma atmosfera de mistério.

Miguel traced the IP address of the last attack and arrived at an abandoned building on the outskirts of the city. With the police by his side, he entered the location in search of the Phantom Hacker. The building was dark and silent, creating an atmosphere of mystery.

Conforme Miguel explorava o prédio, ele encontrou um esconderijo com equipamentos de alta tecnologia e vários computadores. Ficou claro que era o quartel-general do hacker. Em um dos computadores, encontrou evidências que ligavam o Phantom Hacker a um ex-funcionário insatisfeito da empresa atacada.

As Miguel explored the building, he found a hideout with high-tech equipment and multiple computers. It was clear that it was the hacker's headquarters. On one of the computers, he found evidence linking the Phantom Hacker to a disgruntled former employee of the targeted company.

Miguel confrontou o ex-funcionário, que confessou ter realizado o ataque como forma de vingança contra a empresa. O detetive o prendeu e recuperou as informações roubadas, garantindo que a empresa estivesse segura novamente.

Miguel confronted the former employee, who confessed to carrying out the attack as a form of revenge against the company. The detective apprehended him and recovered the stolen information, ensuring that the company was secure once again.

Com o caso solucionado, Miguel foi elogiado por sua habilidade em desmascarar o Phantom Hacker e proteger a integridade das informações da empresa. Sua dedicação e determinação em enfrentar os desafios cibernéticos garantiram a justiça e a segurança em Luminápolis.

With the case solved, Miguel was praised for his ability to unmask the Phantom Hacker and protect the integrity of the company's information. His dedication and determination to tackle cyber challenges ensured justice and security in Luminápolis.

O Broche Desaparecido
The Missing Heirloom

Era uma manhã tranquila em Luminápolis quando o detetive Miguel recebeu uma ligação urgente de uma família respeitada da cidade. Um valioso objeto de família, um antigo broche de diamante, havia desaparecido da mansão durante a noite. Determinado a ajudar, Miguel prontamente se dirigiu à residência.

It was a peaceful morning in Luminápolis when Detective Miguel received an urgent call from a respected family in the city. A valuable family heirloom, an antique diamond brooch, had vanished from their mansion overnight. Determined to assist, Miguel promptly made his way to the residence.

Na mansão, Miguel foi recebido pelos membros da família, que estavam angustiados com a perda do broche. O objeto possuía um valor sentimental inestimável e era considerado uma relíquia de gerações passadas. Miguel começou a examinar o local em busca de pistas, interrogando os funcionários e investigando possíveis pontos de entrada.

At the mansion, Miguel was greeted by the family members, who were distressed about the loss of the brooch. The item held immeasurable sentimental value and was considered a relic from past generations. Miguel began examining the area for clues, questioning the staff, and investigating potential points of entry.

Enquanto investigava, Miguel descobriu uma janela com sinais de arrombamento. Era uma possível pista sobre como o ladrão havia entrado na mansão. Ele coletou amostras de impressões digitais e fotografou o local minuciosamente, levando as evidências para análise posterior.

While investigating, Miguel discovered a window with signs of forced entry. It was a potential lead on how the thief had entered the mansion. He collected fingerprint samples and meticulously photographed the area, taking the evidence for further analysis.

Em suas entrevistas, Miguel percebeu que um novo empregado havia sido contratado recentemente para trabalhar na mansão. Ele decidiu investigar o histórico do funcionário e descobriu que ele tinha um passado questionável e conexões com o mundo do crime.

During his interviews, Miguel noticed that a new employee had been hired recently to work in the mansion. He decided to investigate the employee's background and discovered that they had a questionable past and connections to the criminal underworld.

Com base nas informações obtidas, Miguel decidiu confrontar o novo funcionário. Após uma intensa interrogatório, o empregado acabou confessando ter roubado o broche de diamante para vendê-lo no mercado negro. Ele levou o detetive a um esconderijo onde o objeto estava escondido.

Based on the information gathered, Miguel decided to confront the new employee. After an intense interrogation, the employee eventually confessed to stealing the diamond brooch to sell it on the black market. He led the detective to a hideout where the item was hidden.

Com o broche de diamante recuperado, Miguel o devolveu à família, trazendo alívio e gratidão. A ação rápida do detetive e sua perspicácia em identificar o culpado garantiram o retorno do valioso objeto de família. A mansão voltou a ser preenchida com um sentimento de segurança e tranquilidade.

With the diamond brooch recovered, Miguel returned it to the family, bringing relief and gratitude. The detective's swift action and sharpness in identifying the culprit ensured the return of the valuable family heirloom. The mansion was once again filled with a sense of security and tranquility.

A história do retorno do broche de diamante espalhou-se pela cidade, e Miguel recebeu elogios por sua dedicação em proteger o patrimônio e resolver o caso. Sua reputação como um detetive habilidoso e confiável cresceu ainda mais, e ele continuou a ser uma figura de justiça e segurança em Luminápolis.

The story of the diamond brooch's return spread throughout the city, and Miguel received praise for his dedication in protecting the heritage and solving the case. His reputation as a skilled and trustworthy detective grew even further, and he continued to be a figure of justice and security in Luminápolis.

A Escultura Desaparecida
The Vanished Sculpture

Era uma tarde ensolarada em Luminápolis quando o detetive Miguel recebeu uma ligação intrigante do renomado escultor, Fernando Torres. Uma de suas esculturas mais valiosas, conhecida como "A Dançarina", havia desaparecido de seu estúdio durante a noite. Determinado a resolver o mistério, Miguel se dirigiu imediatamente ao local.

It was a sunny afternoon in Luminápolis when Detective Miguel received an intriguing phone call from the renowned sculptor, Fernando Torres. One of his most valuable sculptures, known as "The Dancer," had disappeared from his studio overnight. Determined to solve the mystery, Miguel promptly headed to the location.

No estúdio de Fernando Torres, Miguel examinou o local em busca de pistas. Não havia sinais de arrombamento ou destruição, o que indicava que o ladrão era alguém com conhecimento sobre o estúdio e sua segurança. Miguel começou a entrevistar funcionários e pessoas próximas ao escultor.

At Fernando Torres's studio, Miguel examined the area for clues. There were no signs of forced entry or destruction, suggesting that the thief was someone with knowledge of the studio and its security.

Miguel began interviewing employees and people close to the sculptor.

Durante as entrevistas, Miguel descobriu que um admirador fanático das obras de Torres estava frequentando o estúdio recentemente. O homem, conhecido como Ricardo, parecia obcecado pelas esculturas e demonstrava comportamento estranho. Miguel decidiu investigar mais a fundo a conexão entre Ricardo e o desaparecimento da escultura.

During the interviews, Miguel discovered that an obsessive admirer of Torres's works had been frequenting the studio recently. The man, known as Ricardo, appeared obsessed with the sculptures and displayed peculiar behavior. Miguel decided to further investigate the connection between Ricardo and the disappearance of the sculpture.

Ao investigar a vida de Ricardo, Miguel descobriu que ele havia se envolvido em atividades ilegais no passado e tinha contatos com o mercado negro de arte. Essas informações levaram Miguel a suspeitar que Ricardo poderia estar envolvido no roubo da escultura.

While investigating Ricardo's life, Miguel discovered that he had been involved in illegal activities in the past and had connections to the black market art trade. This information led Miguel to suspect that Ricardo might be involved in the theft of the sculpture.

Miguel rastreou Ricardo até um armazém abandonado na periferia da cidade. Com a polícia ao seu lado, ele adentrou o local em busca de respostas. Lá, encontrou a escultura "A

Dançarina" escondida entre caixas e lonas. Ricardo foi capturado e detido.

Miguel traced Ricardo to an abandoned warehouse on the outskirts of the city. With the police by his side, he entered the location in search of answers. There, he found "The Dancer" sculpture hidden among boxes and tarps. Ricardo was apprehended and detained.

Interrogando Ricardo, Miguel descobriu que ele havia roubado a escultura com a intenção de vendê-la no mercado negro. Ele acreditava que poderia lucrar com o valor inestimável da obra de arte. No entanto, sua ganância o levou a cometer um crime.

Through interrogating Ricardo, Miguel discovered that he had stolen the sculpture with the intention of selling it on the black market. He believed he could profit from the artwork's immeasurable value. However, his greed led him to commit a crime.

Com a escultura de volta às mãos de Fernando Torres, o escultor ficou aliviado e grato pela ação rápida de Miguel. O detetive foi elogiado por sua habilidade em resolver o caso e por proteger o patrimônio cultural da cidade. "A Dançarina" foi devolvida ao estúdio, onde continuaria a encantar os apreciadores da arte.

With the sculpture back in the hands of Fernando Torres, the sculptor felt relieved and grateful for Miguel's swift action. The detective was praised for his ability to solve the case and protect the city's cultural heritage. "The Dancer" was returned to the studio, where it would continue to enchant art enthusiasts.

A Mansão Misteriosa
The Mysterious Mansion

Era uma noite chuvosa em Luminápolis quando o detetive Miguel recebeu um telefonema angustiado. Um casal, os Mendonça, alegava estar sendo assombrado em sua mansão centenária. Curioso e destemido, Miguel prontamente se dirigiu à residência dos Mendonça para investigar os estranhos acontecimentos.

It was a rainy night in Luminápolis when Detective Miguel received a distressed phone call. A couple, the Mendonças, claimed to be haunted in their century-old mansion. Curious and fearless, Miguel promptly headed to the Mendonça's residence to investigate the strange occurrences.

Na mansão dos Mendonça, Miguel foi recebido com apreensão pelo casal. Eles relataram ouvir vozes sussurrantes, ver sombras movendo-se pela casa e testemunhar objetos se movendo inexplicavelmente. As histórias arrepiantes desafiavam a lógica, e Miguel estava determinado a desvendar o mistério.

At the Mendonça's mansion, Miguel was greeted with apprehension by the couple. They reported hearing whispering voices, seeing shadows moving around the house, and witnessing objects moving inexplicably. The spine-chilling stories defied logic, and Miguel was determined to unravel the mystery.

Miguel começou a vasculhar a mansão, procurando qualquer sinal de atividade paranormal. Ele examinou cada cômodo, desde o sótão até a adega, mas não encontrou evidências convincentes. Decidido a explorar todas as possibilidades, ele decidiu entrevistar os empregados da mansão.

Miguel began searching the mansion, looking for any signs of paranormal activity. He examined every room, from the attic to the basement, but found no compelling evidence. Determined to explore all possibilities, he decided to interview the mansion's staff.

Durante as entrevistas, Miguel descobriu que alguns dos empregados estavam incomodados com histórias de assombração que circulavam entre eles. Um zelador, em particular, mencionou um antigo cômodo secreto na mansão, que havia sido selado por muitos anos. Essa informação intrigou o detetive.

During the interviews, Miguel discovered that some of the staff members were uneasy due to ghost stories circulating among them. One caretaker, in particular, mentioned an old secret room in the mansion that had been sealed for many years. This information intrigued the detective.

Determinado a explorar a possibilidade do cômodo secreto estar relacionado aos eventos estranhos, Miguel começou a procurar pistas sobre sua localização. Com a ajuda do zelador, eles encontraram uma passagem oculta atrás de um armário antigo, levando a um salão empoeirado e esquecido.

Determined to explore the possibility of the secret room being related to the strange events, Miguel began searching for clues about its location. With the help of the caretaker, they found a hidden passage behind an old cabinet, leading to a dusty and forgotten hall.

No salão, Miguel encontrou um antigo diário pertencente ao antigo dono da mansão. As páginas continham relatos de uma tragédia familiar que ocorreu há décadas. O espírito de um parente falecido assombrava a mansão, buscando vingança pelos erros do passado.

In the hall, Miguel found an old diary belonging to the mansion's previous owner. The pages contained accounts of a family tragedy that occurred decades ago. The spirit of a deceased relative haunted the mansion, seeking revenge for past mistakes.

Com uma compreensão mais clara dos eventos sobrenaturais, Miguel decidiu realizar um ritual de reconciliação para acalmar o espírito inquieto. Com a ajuda de um especialista em assuntos paranormais, eles conduziram uma cerimônia pacífica para honrar a memória do falecido parente.

With a clearer understanding of the supernatural events, Miguel decided to perform a reconciliation ritual to calm the restless spirit. With the assistance of a paranormal expert, they conducted a peaceful ceremony to honor the memory of the deceased relative.

À medida que a cerimônia avançava, a atmosfera na mansão se tornava serena e calma. Os fenômenos paranormais cessaram, e os Mendonça finalmente encontraram paz em sua casa.

Agradeçam a Miguel e ao especialista, o casal expressou sua gratidão pelo retorno da tranquilidade.

As the ceremony progressed, the atmosphere in the mansion became serene and calm. The paranormal phenomena ceased, and the Mendonças finally found peace in their home. Thankful to Miguel and the expert, the couple expressed their gratitude for the return of tranquility.

A história da mansão assombrada e de sua resolução se espalhou pela cidade, consolidando a reputação de Miguel como um detetive corajoso e perspicaz. Sua habilidade em lidar com casos misteriosos e sobrenaturais o tornou uma figura respeitada em Luminápolis, pronta para enfrentar qualquer desafio que surgisse.

The story of the haunted mansion and its resolution spread throughout the city, solidifying Miguel's reputation as a brave and astute detective. His ability to handle mysterious and supernatural cases made him a respected figure in Luminápolis, ready to face any challenge that arose.

A Sinfonia Roubada
The Stolen Symphony

Era uma manhã ensolarada em Luminápolis quando o detetive Miguel recebeu uma chamada desesperada da famosa maestrina, Isabella Ribeiro. Sua partitura original para uma sinfonia recém-composta havia sido roubada de seu estúdio durante a noite. Determinado a ajudar, Miguel prontamente se dirigiu ao local.

It was a sunny morning in Luminápolis when Detective Miguel received a desperate call from the renowned conductor, Isabella Ribeiro. Her original score for a recently composed symphony had been stolen from her studio overnight. Determined to assist, Miguel promptly headed to the location.

No estúdio de Isabella Ribeiro, Miguel encontrou a maestrina devastada. A sinfonia era uma obra-prima, uma expressão de sua criatividade e paixão. Sem ela, o projeto musical estaria arruinado. Miguel examinou o local em busca de pistas, verificando se havia sinais de arrombamento ou qualquer indício do roubo.

At Isabella Ribeiro's studio, Miguel found the conductor devastated. The symphony was a masterpiece, an expression of her creativity and passion. Without it, the musical project would be ruined.

Miguel examined the area for clues, checking for signs of forced entry or any indication of the theft.

Após uma minuciosa busca, Miguel encontrou uma janela com vestígios de arrombamento. Ele coletou amostras de impressões digitais e fotografou o local cuidadosamente, levando as evidências para análise posterior. Enquanto isso, Miguel começou a entrevistar pessoas que tinham acesso ao estúdio.

After a thorough search, Miguel found a window with traces of forced entry. He collected fingerprint samples and meticulously photographed the area, taking the evidence for further analysis. Meanwhile, Miguel began interviewing people who had access to the studio.

Durante as entrevistas, Miguel descobriu que um músico invejoso, Victor Carvalho, havia demonstrado ressentimento em relação ao sucesso de Isabella. Ele tinha acesso ao estúdio e frequentemente expressava sua insatisfação com suas próprias composições. Essa informação levantou suspeitas em relação ao roubo da partitura.

During the interviews, Miguel discovered that a jealous musician, Victor Carvalho, had shown resentment towards Isabella's success. He had access to the studio and often expressed dissatisfaction with his own compositions. This information raised suspicions regarding the theft of the score.

Com base nas evidências e nas informações obtidas, Miguel decidiu confrontar Victor Carvalho. Durante o interrogatório, o músico negou envolvimento no roubo, mas Miguel percebeu suas reações nervosas e contradições em suas declarações. O detetive estava determinado a encontrar a verdade.

Based on the evidence and the information gathered, Miguel decided to confront Victor Carvalho. During the interrogation, the musician denied involvement in the theft, but Miguel noticed his nervous reactions and inconsistencies in his statements. The detective was determined to find the truth.

Miguel continuou a investigação e descobriu que Victor Carvalho havia feito contato com um intermediário no mercado negro da música. Ele pretendia vender a partitura roubada para obter lucro financeiro e prejudicar a reputação de Isabella. Miguel traçou o caminho até o intermediário e montou uma operação para recuperar a partitura.

Miguel continued the investigation and discovered that Victor Carvalho had made contact with a middleman in the black market music industry. He intended to sell the stolen score to gain financial profit and tarnish Isabella's reputation. Miguel traced the path to the middleman and orchestrated an operation to recover the score.

No encontro com o intermediário, Miguel e sua equipe agiram rapidamente, prendendo o homem e recuperando a partitura. Victor Carvalho foi confrontado com as evidências e confessou seu envolvimento no roubo. A partitura original foi devolvida a Isabella Ribeiro, que expressou sua gratidão ao detetive pelo seu trabalho excepcional.

During the encounter with the middleman, Miguel and his team acted swiftly, apprehending the man and recovering the score. Victor Carvalho was confronted with the evidence and confessed his involvement in the theft. The original score was returned to Isabella Ribeiro, who expressed her gratitude to the detective for his exceptional work.

A sinfonia composta por Isabella Ribeiro pôde ser apresentada conforme planejado, recebendo aclamação e elogios da crítica e do público. A reputação de Miguel como um detetive habilidoso e eficiente cresceu ainda mais, e ele continuou a proteger e preservar a segurança do talento artístico de Luminápolis.

The symphony composed by Isabella Ribeiro could be performed as planned, receiving acclaim and praise from critics and the audience. Miguel's reputation as a skilled and efficient detective grew even stronger, and he continued to protect and preserve the artistic talent of Luminápolis.

O Retrato Enigmático
The Enigmatic Portrait

Era uma tarde de outono em Luminápolis quando o detetive Miguel recebeu uma ligação intrigante do diretor do Museu de Arte da cidade. Um quadro famoso, conhecido como "O Retrato Enigmático", havia sido roubado durante uma exposição. Determinado a resolver o caso e recuperar a obra de arte valiosa, Miguel prontamente se dirigiu ao museu.

It was an autumn afternoon in Luminápolis when Detective Miguel received an intriguing call from the director of the city's Art Museum. A famous painting, known as "The Enigmatic Portrait," had been stolen during an exhibition. Determined to solve the case and recover the valuable artwork, Miguel promptly headed to the museum.

No museu, Miguel se encontrou com o diretor e examinou a área onde o quadro estava exposto. Ele analisou as câmeras de segurança, investigou possíveis pontos de entrada e interrogou testemunhas que estavam presentes durante o roubo. Apesar dos esforços, as pistas eram escassas.

At the museum, Miguel met with the director and examined the area where the painting was displayed. He analyzed the security cameras, investigated possible points of entry, and interrogated

witnesses who were present during the theft. Despite his efforts, the
clues were scarce.

Determinado a encontrar qualquer pista, Miguel decidiu investigar a história por trás do "Retrato Enigmático". Descobriu que o artista, Victor Mendes, era conhecido por suas obras misteriosas e cheias de simbolismo. Ele decidiu visitar a família de Victor para buscar informações adicionais.

Determined to find any leads, Miguel decided to investigate the story behind the "Enigmatic Portrait." He discovered that the artist, Victor Mendes, was known for his mysterious and symbol-laden artworks. He decided to visit Victor's family to gather additional information.

Na casa da família Mendes, Miguel encontrou-se com a esposa do falecido artista. Ela compartilhou com o detetive algumas anotações deixadas por Victor, que indicavam um possível significado oculto no quadro roubado. Intrigado, Miguel analisou as notas e começou a decifrar os enigmas deixados pelo próprio artista.

At the Mendes family's house, Miguel met with the late artist's wife. She shared with the detective some notes left by Victor, indicating a possible hidden meaning in the stolen painting. Intrigued, Miguel analyzed the notes and began deciphering the puzzles left by the artist himself.

Com cada enigma resolvido, Miguel seguiu as pistas até um antigo armazém abandonado. Lá, ele encontrou o quadro "O Retrato Enigmático" escondido entre caixas e detritos. Ao recuperar a obra de arte, percebeu que havia algo especial sobre ela.

With each puzzle solved, Miguel followed the clues to an old abandoned warehouse. There, he found the painting "The Enigmatic Portrait" hidden among boxes and debris. As he recovered the artwork, he realized that there was something special about it.

Ao examinar mais de perto o quadro, Miguel descobriu uma mensagem secreta no verso. Ela revelava a verdadeira intenção de Victor Mendes: o roubo do próprio quadro. Era uma ação ousada para chamar a atenção para a importância da arte e despertar questionamentos sobre sua verdadeira natureza.

Upon examining the painting more closely, Miguel discovered a secret message on the back. It revealed Victor Mendes's true intention: the theft of the painting itself. It was a bold move to draw attention to the importance of art and provoke questions about its true nature.

Com o mistério resolvido, Miguel levou o "Retrato Enigmático" de volta ao museu, onde ele seria exibido novamente. A história do roubo intrigante ganhou destaque na cidade, e Miguel foi elogiado por sua perspicácia e habilidade em resolver casos complexos. A obra de Victor Mendes continuou a cativar e desafiar os admiradores da arte em Luminápolis.

With the mystery solved, Miguel brought the "Enigmatic Portrait" back to the museum, where it would be displayed once again. The story of the intriguing theft gained prominence in the city, and Miguel was praised for his sharpness and ability to solve complex cases. Victor Mendes's artwork continued to captivate and challenge art enthusiasts in Luminápolis.

As Joias Desaparecidas
The Vanishing Jewels

Era uma noite estrelada em Luminápolis quando o detetive Miguel recebeu uma ligação urgente da famosa joalheria da cidade. Um conjunto de joias de valor inestimável, conhecido como "As Jóias da Lua", havia desaparecido misteriosamente de sua vitrine durante o dia. Determinado a solucionar o caso e recuperar as preciosas joias, Miguel partiu imediatamente para a joalheria.

It was a starry night in Luminápolis when Detective Miguel received an urgent call from the city's famous jewelry store. A set of priceless jewels, known as "The Moon Jewels," had mysteriously disappeared from their display window during the day. Determined to solve the case and recover the precious jewels, Miguel immediately set off for the jewelry store.

Na joalheria, Miguel foi recebido pelo proprietário, Sr. Rodrigues, que estava profundamente preocupado com o roubo. O conjunto de joias era uma peça única, famosa por sua beleza e raridade. Miguel examinou a área cuidadosamente, procurando por quaisquer sinais de arrombamento ou pistas que pudessem ajudar na investigação.

At the jewelry store, Miguel was greeted by the owner, Mr. Rodrigues, who was deeply concerned about the theft. The set of jewels was a one-of-a-kind piece, famous for its beauty and rarity. Miguel carefully examined the area, searching for any signs of forced entry or clues that could aid in the investigation.

Apesar de sua busca minuciosa, Miguel não encontrou nenhuma evidência significativa. As câmeras de segurança não capturaram nenhum movimento suspeito, e a vitrine não apresentava sinais de arrombamento. O desaparecimento das joias parecia ser um verdadeiro enigma.

Despite his thorough search, Miguel found no significant evidence. The security cameras didn't capture any suspicious activity, and the display window showed no signs of forced entry. The vanishing of the jewels seemed to be a true enigma.

Determinado a desvendar o mistério, Miguel decidiu entrevistar os funcionários da joalheria. Durante as conversas, ele notou uma jovem chamada Sofia, que parecia nervosa e evasiva. Intrigado, Miguel decidiu investigar mais a fundo a conexão entre Sofia e o desaparecimento das joias.

Determined to unravel the mystery, Miguel decided to interview the jewelry store employees. During the conversations, he noticed a young woman named Sofia, who seemed nervous and evasive. Intrigued, Miguel decided to dig deeper into the connection between Sofia and the vanishing of the jewels.

Ao investigar o passado de Sofia, Miguel descobriu que ela havia enfrentado dificuldades financeiras recentemente. Ele suspeitou que a jovem pudesse estar envolvida no roubo das joias como uma tentativa desesperada de resolver seus problemas monetários. Miguel a convocou para um interrogatório.

While investigating Sofia's background, Miguel discovered that she had faced recent financial difficulties. He suspected that the young woman might be involved in the theft of the jewels as a desperate attempt to solve her monetary problems. Miguel summoned her for questioning.

Durante o interrogatório, Sofia admitiu seu envolvimento no roubo das "Jóias da Lua". Ela confessou que, influenciada pela ganância e pelas circunstâncias difíceis, decidiu se apropriar das joias para vendê-las no mercado negro. Miguel a pressionou para revelar a localização das joias roubadas.

During the interrogation, Sofia confessed her involvement in the theft of the "Moon Jewels." She admitted that, influenced by greed and difficult circumstances, she had decided to take possession of the jewels to sell them on the black market. Miguel pressed her to reveal the location of the stolen jewels.

Com as informações fornecidas por Sofia, Miguel traçou o caminho até o esconderijo onde as joias estavam escondidas. Ele organizou uma operação para recuperar as preciosidades e prender os envolvidos no crime. As "Jóias da Lua" foram devolvidas à joalheria, onde seriam protegidas e admiradas por muitos.

With the information provided by Sofia, Miguel traced the path to the hideout where the jewels were hidden. He organized an operation to recover the precious items and apprehend those involved in the crime. The "Moon Jewels" were returned to the jewelry store, where they would be safeguarded and admired by many.

A resolução do caso trouxe alívio ao Sr. Rodrigues e à equipe da joalheria. Miguel foi aplaudido por sua habilidade em solucionar o mistério e recuperar as joias valiosas. Sua reputação como um detetive talentoso e implacável continuou a crescer em Luminápolis, garantindo a justiça e a segurança na cidade.

The resolution of the case brought relief to Mr. Rodrigues and the jewelry store staff. Miguel was applauded for his ability to solve the mystery and recover the valuable jewels. His reputation as a talented and relentless detective continued to grow in Luminápolis, ensuring justice and security in the city.

A Herdeira Desaparecida
The Missing Heiress

Era uma tarde chuvosa em Luminápolis quando o detetive Miguel recebeu uma chamada urgente do renomado advogado, Eduardo Andrade. A herdeira de uma família rica e influente, Isabella Duarte, havia desaparecido misteriosamente. A última vez que fora vista foi na noite anterior em um evento de caridade. Determinado a desvendar o paradeiro de Isabella, Miguel prontamente se dirigiu ao escritório de Eduardo.

It was a rainy afternoon in Luminápolis when Detective Miguel received an urgent call from renowned lawyer Eduardo Andrade. Isabella Duarte, the heiress of a wealthy and influential family, had mysteriously disappeared. The last time she was seen was the previous night at a charity event. Determined to uncover Isabella's whereabouts, Miguel promptly headed to Eduardo's office.

No escritório de Eduardo Andrade, Miguel encontrou o advogado preocupado com a situação. Ele explicou que Isabella era uma jovem herdeira de uma grande fortuna, e seu desaparecimento poderia estar relacionado a questões financeiras ou até mesmo a um possível sequestro. Miguel começou a investigar a vida de Isabella em busca de pistas.

At Eduardo Andrade's office, Miguel found the lawyer concerned about the situation. He explained that Isabella was a young heiress to a vast fortune, and her disappearance could be related to financial matters or even a possible kidnapping. Miguel began investigating Isabella's life in search of clues.

Durante a investigação, Miguel descobriu que Isabella era uma jovem dedicada a obras de caridade e tinha uma paixão por ajudar os menos favorecidos. Ele entrevistou amigos, familiares e colegas de Isabella, buscando qualquer informação que pudesse lançar luz sobre seu desaparecimento.

During the investigation, Miguel discovered that Isabella was a young woman dedicated to charitable works and had a passion for helping the less fortunate. He interviewed friends, family, and colleagues of Isabella, seeking any information that could shed light on her disappearance.

Um dos amigos de Isabella mencionou que ela havia recebido recentemente ameaças anônimas relacionadas a um projeto de caridade específico. Intrigado, Miguel seguiu essa pista, acreditando que as ameaças poderiam estar ligadas ao seu desaparecimento. Ele investigou o projeto de caridade e seus envolvidos em busca de suspeitos.

One of Isabella's friends mentioned that she had recently received anonymous threats related to a specific charity project. Intrigued, Miguel followed this lead, believing that the threats might be connected to her disappearance. He investigated the charity project and those involved in search of suspects.

Durante a investigação, Miguel descobriu que um dos membros da equipe do projeto de caridade, Marcos, parecia agir de forma suspeita. Ele tinha acesso direto a informações confidenciais sobre Isabella e seu envolvimento no projeto. Miguel decidiu confrontar Marcos e pressioná-lo para revelar qualquer conhecimento sobre o paradeiro de Isabella.

During the investigation, Miguel discovered that one of the members of the charity project team, Marcos, seemed to be acting suspiciously. He had direct access to confidential information about Isabella and her involvement in the project. Miguel decided to confront Marcos and press him to reveal any knowledge about Isabella's whereabouts.

Sob pressão, Marcos finalmente confessou seu envolvimento no desaparecimento de Isabella. Ele revelou que estava em uma situação financeira desesperadora e planejou sequestrá-la para obter um resgate. No entanto, seus sentimentos por ela o fizeram hesitar, e ele acabou libertando-a em um local desconhecido.

Under pressure, Marcos finally confessed his involvement in Isabella's disappearance. He revealed that he was in a desperate financial situation and had planned to kidnap her for ransom. However, his feelings for her made him hesitate, and he ended up releasing her in an unknown location.

Com as informações fornecidas por Marcos, Miguel traçou um perfil do local onde Isabella poderia estar. Ele organizou uma operação de busca, contando com a ajuda da polícia e de equipes de resgate. Após uma busca intensa, finalmente encontraram

Isabella sã e salva, porém assustada, em uma cabana isolada nas montanhas.

With the information provided by Marcos, Miguel profiled the location where Isabella could be. He organized a search operation, enlisting the help of the police and rescue teams. After an intense search, they finally found Isabella safe and sound, albeit frightened, in an isolated cabin in the mountains.

Isabella foi reunida com sua família, que estava aliviada e agradecida pelo trabalho incansável de Miguel. O detetive foi elogiado por sua dedicação e habilidade em resolver o caso complexo. A verdade veio à tona, e Marcos foi preso por seu envolvimento no sequestro. A justiça foi servida, e Isabella pôde retomar sua vida, sabendo que estava protegida por Miguel e sua busca incansável pela verdade.

Isabella was reunited with her family, who were relieved and grateful for Miguel's tireless work. The detective was praised for his dedication and ability to solve the complex case. The truth came to light, and Marcos was arrested for his involvement in the kidnapping. Justice was served, and Isabella could resume her life, knowing she was protected by Miguel and his unwavering pursuit of the truth.

A Mansão Abandonada
The Abandoned Mansion

Era uma noite chuvosa em Luminápolis quando o detetive Miguel recebeu uma ligação intrigante. Um caso peculiar de uma mansão abandonada veio à sua atenção. Rumores sobre atividades estranhas e sons misteriosos envolvendo a propriedade haviam se espalhado pela cidade. Curioso e destemido, Miguel decidiu investigar o mistério da mansão abandonada.

It was a rainy night in Luminápolis when Detective Miguel received an intriguing phone call. A peculiar case of an abandoned mansion had caught his attention. Rumors of strange activities and mysterious sounds surrounding the property had spread throughout the city. Curious and fearless, Miguel decided to investigate the mystery of the abandoned mansion.

Ao chegar à mansão, Miguel sentiu um arrepio percorrer sua espinha. O lugar exalava um ar de abandono e mistério. As janelas estavam quebradas, as paredes descascadas e a grama do jardim crescia descontroladamente. Armado com sua lanterna e coragem, Miguel adentrou a mansão escura e silenciosa.

Upon arriving at the mansion, Miguel felt a shiver run down his spine. The place exuded an air of abandonment and mystery. The windows were broken, the walls were peeling, and the garden grass grew wildly. Armed with his flashlight and courage, Miguel entered the dark and silent mansion.

Enquanto investigava cada cômodo, Miguel percebeu que a mansão continha pistas do passado. Antigos móveis empoeirados, retratos envelhecidos nas paredes e um diário abandonado deixaram Miguel intrigado. Ele mergulhou na história da mansão, descobrindo segredos familiares e tragédias ocultas.

As he investigated each room, Miguel realized that the mansion held clues from the past. Old dusty furniture, aged portraits on the walls, and an abandoned diary left Miguel intrigued. He delved into the mansion's history, uncovering family secrets and hidden tragedies.

Enquanto Miguel explorava o porão, um ruído misterioso ecoou pelos corredores. Ele seguiu o som até encontrar uma porta trancada. Com habilidade e determinação, Miguel conseguiu abri-la e ficou atônito ao descobrir um quarto secreto cheio de objetos antigos e uma estante de livros empoeirada.

While Miguel explored the basement, a mysterious noise echoed through the corridors. He followed the sound until he found a locked door. With skill and determination, Miguel managed to open it and was astonished to discover a secret room filled with ancient objects and a dusty bookshelf.

Ao vasculhar os livros empoeirados, Miguel encontrou um antigo diário que pertencia ao proprietário original da mansão. As páginas revelavam uma história sombria de amor perdido, traição e desespero. O detetive conectou os pontos entre o passado e o presente, desvendando o mistério por trás das atividades estranhas na mansão abandonada.

While sifting through the dusty books, Miguel found an old diary that belonged to the mansion's original owner. The pages revealed a dark tale of lost love, betrayal, and despair. The detective connected the dots between the past and the present, unraveling the mystery behind the strange activities in the abandoned mansion.

Com o enigma resolvido, Miguel desvendou a verdade por trás da mansão abandonada. Ele trouxe à luz os segredos ocultos e trouxe paz àqueles que foram assombrados pelo passado sombrio. A mansão voltou a ser apenas uma casa vazia, um lembrete silencioso das histórias que ali aconteceram.

With the puzzle solved, Miguel uncovered the truth behind the abandoned mansion. He brought to light the hidden secrets and brought peace to those haunted by the dark past. The mansion returned to being just an empty house, a silent reminder of the stories that took place within its walls.